A.-H. CANU

SUITE DE

LA PÉTAUDIÈRE COLONIALE

UN DOSSIER COMPLET

LE WHARF DE KOTONOU
et le nommé L.-A.-E. VIARD

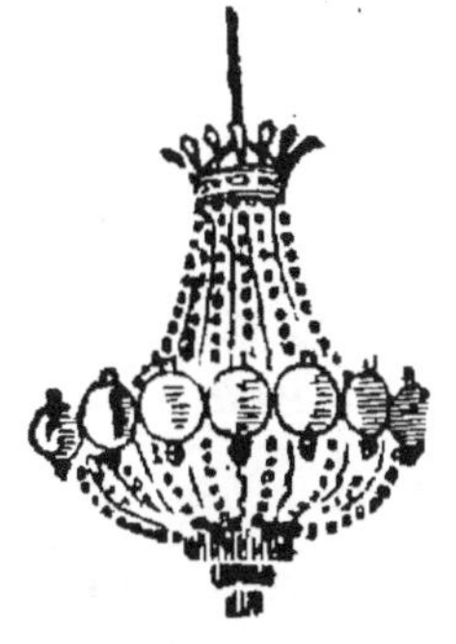

PARIS

CHEZ L'AUTEUR

ET CHEZ TOUS LES LIBRAIRES

—

1895

LE WHARF DE KOTONOU

et le nommé VIARD

En écrivant *la Pétaudière Coloniale*, je n'avais eu, je tiens à bien l'affirmer, que la seule intention d'éclairer l'opinion publique et le Parlement sur les abus qui s'étaient produits et se produisaient encore à l'Administration des Colonies.

L'action de ce livre sur l'opinion publique me semble avoir été incontestable si j'en juge par l'accueil fait à la *Pétaudière Coloniale* par les grands journaux indépendants, organes de l'opinion. Ils ont, non seulement recommandé mon livre à leurs lecteurs, mais ils en ont même cité de nombreux extraits et l'*Autorité*, dans son numéro du 4 décembre 1894, en signalant l'apparition du volume me qualifiait « un colonial convaincu qui n'est point de nos amis politiques ».

C'est que, en effet, je suis républicain, profondément républicain et que mon livre ne pouvait être une machine de guerre contre la République dont je considère, au contraire, que c'est et cesera l'honneur d'avoir repris les vieilles traditions de la France coloniale du XVIIIe siècle.

Au Parlement aussi, le livre a produit son effet ; c'est là un fait indéniable qui se prouve par la teneur même des discours prononcés par nombre de députés pendant la discussion si rude, si âpre du Budget des Colonies ; qu'on relise, par exemple, le discours de M. Isaac, député de la Guadeloupe, dans la séance du 2 mars 1895, et l'on constatera, non sans étonnement, que, sans me citer, naturellement, il a porté à la tribune un passage presque textuel du chapitre de mon livre consacré à la « concession Verdier ».

Nombre de ses collègues ont puisé largement dans la *Pétaudière Coloniale* les éléments les plus précis de leurs harangues et ceci prouve, surabondamment, je crois, que mon livre — encore que très incomplet, car je n'avais pas mis en œuvre tous les documents de mon dossier — était un livre de bonne foi, honnêtement et sincèrement écrit sans aucune arrière-pensée.

*
* *

Lorsque j'arrivai au chapitre VI intitulé : *Les entreprises financières*, je me trouvai en face d'un dossier si volumineux que je n'eus, vraiment, que l'embarras du choix !

Je dus élaguer beaucoup, mettre une foule de documents de côté, bien qu'ils fussent fort intéressants, et je ne gardai pour le livre que quelques affaires qui me semblaient plus particulièrement typique : le *Chemin de fer de Dakar à Saint-Louis*, la *Main-d'œuvre pénale* avec ses concessions de forçats, le *Wharf de Kotonou*, concession industrielle, et la *Concession Verdier*, purement territoriale.

Ce délicat triage accompli, j'écrivis le chapitre, et je crois devoir reproduire ici dans son intégralité, pour la plus complète édification du lecteur, l'article que je consacrai au *Wharf de Kotonou* en lui conservant sa disposition typographique et même sa pagination.

LE WHARF DE KOTONOU

C'est une histoire assurément des plus curieuses que celle de ce wharf de Kotonou ; elle est intéressante à la fois par sa genèse politique et par son *processus* financier.

Tout le long de la côte des Esclaves, depuis les Popos jusqu'en face de Lagos, la rive est rendue inaccessible par l'existence d'une « barre » qui est particulièrement mauvaise devant Kotonou. La « barré », en langue maritime, désigne le ressac qui se forme sur de hauts fonds où les lames, déferlant avec violence, font chavirer les embarcations légères ; elle est d'autant plus dangereuse sur la côte dahoméenne que cette partie du golfe de Guinée est littéralement infestée de requins.

L'existence de la « barre » rendait les opérations de débarquement fort difficiles en temps ordinaire et tout à fait impossibles par les vents d'ouest qui sont fréquents en cette région.

L'utilité d'un *wharf* ou appontement s'avançant dans la mer au delà de la barre était donc aussi incontestable que celle du Chemin de fer de Dakar au Niger, mais hélas l'affaire naissait dans

> *... Ce monde où les plus belles choses*
> *Ont le pire destin !...*

(236)

Donc un certain M. Viard, se disant *explora-teur* (?) et qui était, surtout, animé du désir d'ex-plorer, en compagnie de quelques aigrefins, les poches de ses contemporains, s'en fut trouver M. de la Porte. (Evacuez les malades d'Obock sur le Gabon !) qui était, alors, Sous-Secrétaire d'Etat des Colonies sous le Vice-Amiral Krantz, et solli-cita de lui la concession nécessaire pour la cons-truction d'un wharf à Kotonou.

Se sentant en danger de chute, M. de La Porte signa la concession le 20 février 1889 et tomba, en effet, avec le cabinet Floquet le 22 février. Heureu-sement pour M. Viard, M. de La Porte, fut rem-placé au bout de quatre jours par un homme également fort entendu aux affaires, M. Eugène Etienne qui, nommé Sous-Secrétaire d'Etat des Colonies par décret du 26 février 1889, conserva son sous-portefeuille pendant deux pleines an-nées.

MM. Viard et Etienne étaient faits pour s'en-tendre et, en effet, le second confirma, par déci-sions des 29 octobre et 9 décembre 1889, la con-cession déjà faite au premier et, par une autre décision du 7 septembre 1891, il autorisa spéciale-ment M. le Résident de France des Etablissements du golfe de Bénin à régler les détails de fonction-nement de ladite concession qui était faite pour cinquante ans à dater du jour du premier acte, soit, du 20 février 1889.

Si M. Etienne était complaisant, M. Viard n'était pas inactif. Aussitôt après la première confirmation à lui donnée par M. Etienne, c'est-à-dire le 29 octobre 1889, il se hâta de porter sa concession à deux banquiers plus ou moins marrons, MM. Tailhades et Oulif qui, associés, avaient leurs bureaux en face de la Banque de France — où ils publiaient même, sous le titre : *L'argent*, un petit « canard » financier en vue de mieux attraper les gogos — et qui, depuis leur déconfiture, se sont séparés et ont transporté leurs pénates, le premier, 36, rue Croix-des-Petits-Champs, et le second, 29, avenue Trudaine.

Sur cette concession hyperbolique, on édifia une société en participation plus hyberbolique encore au capital fantastique de UN MILLION DE FRANCS divisé en 2,000 actions d'une valeur nominale de 500 francs chacune qui sont remises :

Trois cents (soit 150,000 francs) à M. Viard en raison de l'apport de la concession qu'il fait à la société et *dix-sept cents* (soit 850,000 francs) à MM. Tailhades et Oulif qui font apport à la société de... « leur crédit (?) et leurs relations » !

Comme si cela ne suffisait pas, on crée de plus 2,000 « parts bénéficiaires » ou « parts de Fondateurs » qui sont réparties dans la même proportion, soit 300 à M. Viard et 1,700 à MM. Tailhades et Oulif.

Avec tous ces beaux titres diversement colorés qu'on a créés et que les sociétaires se sont partagés, on n'a toujours pas *un centime en caisse* et, pourtant, le *wharf*, qui doit avoir 280 mètres de longueur totale, a été commandé par la Société, dès le 23 août 1891, à MM. Daydé et Pillé, de Creil, qui se sont engagés à le livrer à l'exploitation le 1er janvier 1894.

C'est alors qu'on songe à faire entrer l'argent des naïfs dans les caisses de la maison Tailhades et Oulif. Ces messieurs s'entendent d'ailleurs fort bien à lancer les papiers de valeur éphémère ; c'est ainsi que dans leur journal ils ont — c'est le *XIXe Siècle* qui rapporte le fait dans son numéro du 22 avril 1892 — lancé des valeurs dont ils recommandaient l'achat au cours de 163 fr. 75 « et qui sont aujourd'hui invendables sur le marché des pieds humides à 7 fr. 504.

On crée donc une société anonyme au capital de 1,868,200 francs se décomposant ainsi :

2,000 actions à 500 fr . . . . Fr.	1.000.000
2,000 parts de fondateurs.	mémoire
2,894 **Bons de délégation** remboursables en 30 années à 300 fr. l'an, *pour couvrir les dépenses faites*.	868.200
Total . . Fr.	1.860.200

Les actions, dont nous avons déjà parlé, ne sont pas émises ; elles restent dans la poche de MM. Viard, Oulif et Tailhades et l'on n'offre aux bons gogos que les *Bons de délégation* dont le titre prétentieux rappelle vaguement les affaires de Suez et demande une explication que le *Nouvelliste financier* fournit en ces termes dépourvus de toute ambiguité :

Le gouvernement de la colonie a accordé une garantie de 50,000 fr. par an, *qui fera retour au budget pour la partie non employée*. Ce qui signifie que si le wharf ne produit rien, la colonie lui versera 50,000 fr. ; si le wharf ne produit que 25,000 fr. la colonie versera 25,000 fr.; si le wharf produit 50,000 fr. la colonie ne versera rien du tout.

Les bons de délégation représentent donc le droit de percevoir un prorata *sur ce que versera la colonie*.

Prise à la lettre donc, la *délégation ne touchera rien du tout* si le wharf produit 50,000 fr. parce que ces 50,000 fr. ne seront pas versés par la colonie, et c'est une délégation sur la garantie à verser, que représente le titre si bizarrement dénommé.

En allant donc au fond des choses, le *bon de délégation* est un titre d'emprunt auquel ne correspond aucune garantie spéciale, mais qui, si l'on veut interpréter selon *l'équité*, devra être rémunéré ou remboursé avant les actionnaires eux-mêmes.

— Que restera-t-il alors aux actions et aux parts de fondateurs ? — Ce qui dépassera 50,000 fr. comme bénéfice net.

Et, dans le prospectus répandu à profusion pour préparer l'émission, la Société fait miroiter une magnifique perspective de trafic. Elle évalue celui-ci à 40,000 tonnes par an, au droit moyen de 7 francs en temps normal, mais elle escompte les coups de fusils devenus inévitables et fait valoir qu'on aura 50,000 tonnes de trafic extraordinaire, à 4 francs par tonne, pour *transport et matériel de guerre*. La société Viard, Tailhades, Oulif et consorts calcule, d'après ce trafic, un produit brut de 450,000 francs et un revenu net de 286,150 francs, car les frais d'exploitation ont été scrupuleusement étudiés par le Conseil d'administration qui comprend :

MM. Raoul Oulif, banquier, demeurant à Paris, rue de la Vrillière, 4 ;

Charles-Henri-Louis-Gaston de Sargos, propriétaire, demeurant à Paris, rue de Montenotte, 2;

Jean Tailhades, banquier, demeurant à Paris, rue de la Vrillière, 4, faisant tous trois partie des associés comme apporteurs indivis ;

Et qui a choisi M. Emile-Léon Vatinet, demeurant à Paris, rue d'Amsterdam, 100, comme commissaire des comptes pour le premier exercice de la Société.

On prépare l'émission des *2,894 Bons de délégation* et la société anonyme s'étant constituée le 22 mars 1892, soumet ses statuts à l'Administration des Colonies qui les approuve après un examen si rapide — car si M. Etienne n'est plus là depuis un mois, il a tout de même le bras long — que les dits statuts peuvent être enregistrés dès le 26 du même mois, soit *quatre jours après*.

La société procède alors à l'insertion d'un extrait dans les journaux d'annonces légales qui publient en avril le document suivant :

(241)

SOCIÉTÉ FRANÇAISE
Du Wharf de Kotonou ; Guinée française
Société anonyme

SIÈGE SOCIAL A PARIS, RUE RICHER, 25

La société a pour objet :

La mise en valeur de la concession d'un wharf à Kotonou, golfe du Bénin, côte occidentale d'Afrique.

Cette concession étant un privilège accordé par le Ministre des Colonies, est régie par une convention signée du résident de France aux Etablissements français du golfe de Bénin et du concessionnaire, et se trouve, par suite, placée, sous le contrôle de l'Administration des Colonies. Elle donne lieu à la perception de tarifs homologués par le ministre.

Cette concession a pour but :

1° L'exploitation d'un wharf ou appontement à Kotonou (Etablissement français du golfe de Bénin, côte occidentale d'Afrique), établi au-dessus de la barre pour permettre aux navires d'opérer sous palan l'embarquement et le débarquement des passagers et des marchandises sur ce wharf.

2° La perception, conformément aux tarifs homologués par le gouvernement français, d'un droit de transit des marchandises, matériel de toute nature appartenant à l'Etat ou à des particuliers.

« Le tout résultant de décisions de M. le ministre
« de la Marine et des Colonies et de M. le Sous-secré-
« taire d'Etat aux Colonies, des vingt février, vingt-neuf
« octobre et neuf décembre mil huit cent quatre-vingt-
« neuf, et d'une convention avec le résident de France
« des établissements français du golfe de Bénin, spécia-
« lement autorisé à cet effet par M. le Sous-secrétaire
« d'Etat des Colonies, du sept septembre mil huit cent
« quatre-vingt-onze, réglant le fonctionnement de la-

« dite concession, et à charge de se conformer aux
« conditions prescrites ou stipulées par lesdites déci-
« sions des conventions.

Les statuts ont été soumis à l'Administration des
Colonies.

Le fond social est fixé à un million de francs, et divisé en deux mille actions de cinq cents francs entièrement libérées. lesquelles sont attribuées aux
apporteurs en représentation de leur apport.

La durée de la société comprendra le temps à courir
du jour de sa constitution définitive jusqu'à l'expi-
ration de la concession accordée par M. le Ministre des
Colonies pour une période de cinquante années, à
courir du vingt février mil huit cent quatre-vingt-
neuf.

La société prend la dénomination de : *Société française du Wharf de Kotonou*.

Il est prélevé sur les bénéfices de chaque exercice :

1° Cinq pour-cent pour constituer la réserve légale,
jusqu'à ce qu'elle ait atteint le maximum prévu par
la loi ;

2° Vingt mille francs, au moins, pour constituer la
réserve spéciale prescrite par la convention avec M. le
ministre des Colonies, jusqu'à ce qu'elle ait atteint le
chiffre de cent mille francs.

La Société, est administrée par un conseil composé
de trois membres au moins et de sept au plus.

Ceci fait, on est *paré*, comme disent les marins,
et le moment est venu « d'envoyer les couleurs. »

Pour lancer l'émission, cette société qui n'a pas
un sou dans sa caisse se livre à une publicité
effrénée, fantastique dans tous les grands journaux de Paris ; une pareille batterie de grosse
caisse tout en rappelant de très près « les pro-
cédés des pitres forains » pour nous servir de l'ex-

pression cruelle employée par le *Nouvelliste Financier*, doit coûter des sommes formidables et se chiffrer à plusieurs centaines de mille francs, ce qui est un bien gros morceau pour une société qui n'a en caisse qu'une convention lui garantissant une subvention annuelle de 50,000 francs apport de M. Viard, et « le crédit et les relations » apportés par MM. Tailhades et Oulif.

Nous ne rechercherons pas l'étendue de la publicité dans les divers journaux qui cultivent l'émission, mais, pour que le lecteur puisse bien juger de l'importance du « rappel aux gogos » nous dresserons le compte des lignes consacrées au *Wharf de Kotonou* par la « Semaine financière » du *Temps* :

26 Juin 1892.	152 lignes
27 — —	182 »
4 Juillet 1892.	195 »
11 — —	52 »
18 — —	76 »

soit au Total. . . . 657 lignes

et à partir du numéro suivant (date du 25 juillet 1892) le *Temps financier* cesse son dithyrambe, car l'émission est faite, les gogos ont mordu à l'hameçon et la *Société anonyme du Wharf de Kotonou* ne porte plus « sa bonne galette » à la caisse des Hébrard ; ceux-ci doivent se tenir pour satisfaits du gros morceau qu'ils ont reçu et, de même que le serpent dort, les Hébrard sont muets après le repas.

Et, cependant, que de belles choses on avait promises au cours de la parade foraine !

Pour leur capital de 868.200 francs, les porteurs de *bon de délégation* doivent recevoir, dès la première année, outre l'intérêt statutaire de 6 °/₀ un dividende de 29 fr. 13 ; ce qui portera le revenu à près de *seize pour cent*. Il est vrai que, pendant ce temps, les actionnaires qui n'ont rien versé recevront également six pour cent d'un capital fictif de 500 francs par action, et toucheront de plus, eux aussi, un dividende fixé globalement à 58,263 fr. 30 soit 29 fr. 13 par part de fondateur dont l'ensemble figure *pour mémoire* au capital actif de la société.

Enfin on livre à l'admiration des masses le beau désintéressement du Conseil d'administration qui, outre ses jetons de présence, se contentera d'opérer un prélèvement de 10 °/₀ sur les bénéfices et partagera ainsi 12,947 fr. 40 entre ses trois membres MM. Oulif, de Sargos et Tailhades.

Toutes ces promesses étaient réellement admirables et expliquent parfaitement que, dans sa « Semaine financière » du 11 Juillet, le *Temps* ait fait savoir aux gogos, qui n'avaient pas encore mis de ces valeurs en portefeuille, que les *actions* se sont négociées entre 569 et 571, les parts entre 345 et 347,50 et les bons de délégations à 275 fr.

Malheureusement, ces promesses étaient trop belles pour être réalisables, c'était, suivant le mot de Shakespeare « *A much ado about nothing* ».

Dès l'année suivante, les actions sont devenues invendables, les *parts* et les *bons* ont suivi le même mouvement et, dans une assemblée générale tenue le 14 octobre 1893, le Conseil d'administration, au lieu d'inviter les porteurs de titres à fixer le dividende à attribuer aux *bons de délégation*, leur demande de rapporter un peu de « bonne galette » afin de créer à la Société un fonds de roulement, — c'est ce que dans la finance anglaise on appelle un *assessment* — s'ils veulent éviter la liquidation judiciaire ; dans une circulaire lacrymatoire qui fendrait tous les cœurs et ouvrirait toutes les bourses, le président du Conseil d'Administration implore un *sacrifice* duquel dépendent la prospérité et l'existence même de l'affaire.

Où sont les neiges aurifères d'Antan ? — Elles se sont fondues sous l'ardent soleil du Bénin.

Les titres qui constituaient naguère un « placement de père de famille » et dont les cours planaient bien au-dessus du pair sont descendus bien au-dessous. *L'annuaire des valeurs admises à la cote officielle à la Bourse de Paris*, édition de 1894, nous en donne ainsi les cours moyens :

	Actions	Parts de Fondateurs	Bons de délégation
1892	566 fr.	324 fr. 06	276 fr. 95
1893	180 fr.	Pas de cours	260 fr.

Il nous fait également connaître que ces magnifiques dividendes de 29 fr. 13 que le prospectus d'émission promettait aux *Parts de fondateurs* et aux *Bons de délégation* n'ont pas encore été distribués ; toutefois le coupon n° 4 des actions a été payé à l'échéance le premier octobre 1893.

Le Conseil d'administration a été profondément modifié, si M. Oulif en fait encore partie, MM. Tailhades et de Sargos n'y figurent plus ; le Conseil se trouve ainsi composé :

M. Joubert, président.

M. Bossoreille, administrateur délégué.

MM. Oulif, Guilmin et Bostquénard, administrateurs.

Enfin le siège social est transféré : 52, rue Saint-Lazare....

(247)

***

En écrivant cela, je m'étais, on le voit, bien gardé d'attaquer dans sa vie privée, aucune des personnalités mises en jeu ; j'avais scrupuleusement respecté le célèbre « mur Guilloutet » et j'avoue que, lorsque, le lundi 3 décembre 1894, mon éditeur et ami Chamuel eut répandu le volume dans toutes les librairies parisiennes, je rentrai chez moi, bien tranquille et l'esprit fort paisible, et m'endormis du « sommeil du juste ».

Je ne prévoyais pas qu'aucune poursuite pût

être exercée contre nous et je pensais, à tout le moins, que les fonctionnaires et les financiers que j'avais attaqués ne me pourraient poursuivre qu'en Cour d'Assises où je serais admis à faire la preuve.

En effet, rien ne vint et, le 4 mars, je pus dire à des amis inquiets : — Vous voyez bien que je n'avais rien à craindre — que peut-on craindre quand on n'a dit que la vérité ! — puisqu'aujourd'hui personne ne m'a poursuivi et que la prescription est acquise !

Peu de jours après, c'était vers le 10 mars, Mme Engels, demeurant 52, rue des Tournelles, — j'ai su depuis que la soi-disant « Mme Engels » était tout simplement « Mme Viard » — se présentait chez Chamuel et, après avoir acheté et payé 3 francs 50 (au prix fort) un exemplaire de la *Pétaudière coloniale* qu'on vend partout 2 fr. 75, demandait mon adresse pour « une de ses *amies* » qui avait, disait-elle, des renseignements importants à me communiquer.

Suivant l'usage établi chez tous les éditeurs, un employé lui déclara ignorer mon adresse, ajoutant que, si elle voulait bien m'écrire, on me ferait parvenir sa lettre. La dame s'en alla d'un air peu satisfait en demandant que je lui écrive.

Dès le lendemain — M. Viard pourrait probablement produire ma lettre — je fis savoir à Mme Engels que, très occupé et souvent en voyage je la priais de bien vouloir m'écrire chez Chamuel quel était l'objet de sa communication, sur quoi j'aviserais, si besoin, à entrer en relations avec elle.

Ce faisant, j'avais simplement voulu me garer d'un bas-bleu comme il y en a tant qui assaillent les auteurs. Ma lettre resta sans réponse… et je n'en fus pas surpris !

Le 27 mars suivant, j'eus la clé de ce petit mystère quand le facteur m'apporta la lettre *recommandée* dont voici la copie accompagnée de l'enveloppe qui la contenait :

Paris, le 25 mars, 1895.

Monsieur Canu,

De retour du Congo ou (sic) j'avais été envoyé en mission l'an dernier, je prends seulement connaissance du livre que vous avez publié : *La Pétaudière coloniale.*

Je vous informe que je vous assigne en diffamation.

Ignorant votre adresse, l'assignation qui vous concerne sera faite au parquet de la Seine.

J'ai l'honneur de vous saluer,

E. Viard,
52, rue des Tournelles.

Monsieur Canu,
chez M. Chamuel, éditeur,
96, rue du Faubourg Poissonnière,
anciennement rue de Trévise, 29.

> Paris.

A cette lettre *volontairement* mal adressée, je répondis aussitôt par la lettre suivante :

> Paris, 28 mars 1895

Monsieur,

Je n'ai été touché qu'hier soir à mon domicile par votre lettre recommandée du 25 courant adressée chez M. Chamuel, mon éditeur, auquel il y a une quinzaine de jours, une dame Engels, demeurant 52, rue des Tournelles, était venue demander mon adresse pour « une de ses amies » qui avait, disait-elle des renseignements à me donner.

Redoutant un « bas-bleu », j'ai répondu à Mme Engels par la lettre que vous connaissez certainement et qui n'a point satisfait vos désirs.

Si, au lieu d'employer ces *petits moyens*, vous m'aviez écrit simplement pour me manifester votre intention de me traduire en Cour d'Assises, j'aurais, dès l'abord, considéré la perspective que vous vouliez bien m'ouvrir comme trop réjouissante pour ne pas faire vous savoir de suite que mon domicile est : *23, Quai de la Gare, à Paris*, où votre assignation me touchera beaucoup plus vite et beaucoup mieux que si, comme si j'étais un simple vagabond, elle m'était signifiée au Parquet de la Seine.

Vous pouvez donc, monsieur, donner maintenant à votre huissier d'utiles et précises indications et, en attendant le plaisir de lire le « petit bleu » de cet officier ministériel, j'ai, Monsieur, l'honneur de vous prier d'agréer l'expression de mes sentiments de gratitude.   A. H. CANU
                                        23, Quai de la Gare.

**

On remarquera que j'ignorais si complètement la personnalité privée de M. Viard, que, trompé par une initiale mal formée dans sa signature, j'adressai ma lettre à Monsieur G. Viard, sans prendre garde que mon correspondant s'appelait Louis-Auguste-*Edouard*, ce dont j'aurais pu me convaincre en me reportant au dossier très complet que j'avais en ma possession et dont je reproduirai plus loin des extraits fort curieux.

Je restai sans nouvelles de celui qui m'attaquait jusqu'au 28 avril, jour où, en arrivant chez mon éditeur, j'appris que nous étions l'un et l'autre assignés, pour le mercredi 8 mai, devant la neuvième chambre correctionnelle.

J'avais déménagé depuis quelques jours et je me demandais ce qu'on avait pu faire de mon assignation ; je me rendis chez l'huissier de M. Viard et, là, j'appris que le papier timbré avait été remis au Parquet.

M. Viard s'était donné cette satisfaction délicate de m'assimiler à un vagabond ! lui qui n'a point de domicile et a dû se réfugier chez sa femme pour s'y mettre à l'abri de ses nombreux créanciers !

La *farce* devenait joyeuse !

Elle me le parut plus encore quand, m'étant rendu au Parquet, j'y fus mis en possession de l'assignation que voici :

ASSIGNATION EN CORRECTIONNELLE

L'an mil huit cent quatre vingt quinze le ~~treize avril~~ vingt sept avril

A la requête de Monsieur Louis-Auguste-Edouard Viard, explorateur, demeurant à Paris, 52, rue des Tournelles,

Elisant domicile en sa demeure,

J'ai, Martin Hueber, huissier audiencier au Tribunal civil de la Seine, demeurant à Paris boulevard Beaumarchais, n° 6, soussigné,

Cité Monsieur A. H. Canu, demeurant à Paris, 23, quai de la Gare, en son domicile ou étant et parlant à *la concierge de la maison* (1) laquelle m'a

---

(1) M⁰ Hueber, huissier et collègue de M⁰ Couchot, me permettra de lui faire remarquer que l'immeuble sis 25 quai de la Gare, et que je connais bien pour l'avoir habité cinq ans, n'a jamais eu et n'a pas actuellement de concierge.

déclaré que le sieur Canu n'habitait plus ladite maison, qu'il en était parti et déménagé depuis le 18 avril courant *sans faire connaître sa nouvelle adresse qu'elle ignore* (1) pourquoi *j'ai affiché semblable copie* (2) conformément à la loi et ai remis cette copie à M. le Procureur de la République à Paris, en son parquet sis au Palais de Justice, où étant et parlant à l'un de MM. les Substituts qui a visé mon original ;

Et par copie séparée à M Chamuel,

A comparaître le mercredi huit mai 1895 à onze heures du matin, à l'audience et pardevant Messieurs les Président et Juges composant la neuvième Chambre du Tribunal civil de la Seine séant à Paris jugeant correctionnellement au Palais de Justice de la dite ville, POUR :

(1) Mᵉ Hueber, huissier et collègue de Mᵉ Couchot me permettra, encore, de lui faire remarquer que j'ai si bien fait connaître ma nouvelle adresse que toutes mes correspondances m'y parviennent fort régulièrement.

(2) Mᵉ Hueber, huissier et collègue de Mᵉ Couchot, me permettra, enfin, d'opposer à son écrit d'officier ministériel assermenté, l'affirmation d'honnêtes gens absolument désintéressés qui déclarent que, ni le 27 avril ni aucun des jours suivants, il n'a été apposé aucune affiche sur la porte de l'immeuble où j'avais anciennement mon domicile, et il me permettra d'ajouter que c'est au mépris de tout droit qu'il a élevé à quatorze francs le coût d'une assignation tarifée neuf francs.

Ceci soit dit pour son client et, aussi, pour la Chambre de discipline de MM. les huissiers.

Attendu que dans un ouvrage intitulé *La Pétau-dière Coloniale* portant la signature de M. Canu, édité par M. Chamuel..., M. Viard a été gravement diffamé ; que, dans un chapitre du dit livre portant comme rubrique : Le Wharf de Kotonou commençant à la page 237 par ces mots : « C'est une histoire assurément des plus curieuses... » et finissant à la page 247 par ces mots « ... pour former un admirable trio », le plaignant est représenté comme ayant fourni les éléments d'une entreprise financière frauduleuse ; que, notamment, à la page 237 de cet ouvrage, on lit : « Donc un certain M. « Viard, se disant explorateur (?) et qui, surtout, était « animé du désir d'explorer en compagnie de quel- « ques aigrefins les poches de ses contemporains, « s'en fut trouver M. de la Porte, etc... »

Que plus bas, à la même page, l'auteur ajoute : « MM. Viard et Etienne étaient faits pour s'en- « tendre ».

Qu'à la page 238, il est dit : « Sur cette conces- « sion hyperbolique, on édifia une société en par- « ticipation plus hyperbolique encore ».

Attendu, en un mot, que l'auteur s'attache visi- blement dans le chapitre incriminé, a représenter M. Viard comme un spéculateur de mauvaise foi, associé à des capitalistes sans scrupules, dans le but de se créer des ressources à la faveur d'une entreprise chimérique.

Attendu que toutes ces allégations sont men- songères.

Qu'en effet, la concession du Wharf de Kotonou

avait été accordée à M. Viard à titre de récompense des nombreux services rendus par lui depuis plus de dix ans à la cause française en Afrique et, spécialement des résultats par lui obtenus au cours d'une mission officielle d'exploration dans le pays des Egbas dans le courant de l'année 1888 ;

Que ladite concession était en conséquence très sérieuse et que le plaignant, en recherchant des capitalistes qui fussent disposés à la mettre en exploitation, usait d'un droit indiscutable ;

Qu'il n'en est d'ailleurs besoin d'autre preuve que la sollicitude témoignée à M. Viard par M. le Sous-Secrétaire d'Etat aux Colonies qui, pour faciliter cette œuvre si utile aux intérêts français sur cette partie de la Côte de l'Afrique, lui consentit une garantie d'intérêt de cinquante mille francs sur le budget de la colonie du Bénin.

Attendu que M. Canu n'ignorait point les faits qui sont à la connaissance de tout le monde, qu'il ne saurait donc exciper de sa bonne foi pour expliquer et justifier les attaques contenues contre M. Viard dans son ouvrage.

Attendu que le chapitre incriminé et notamment les passages rapportés ci-dessus, ont un caractère diffamatoire et injurieux indiscutables (*sic*) et d'autant plus grave que le plaignant est resté et a tenu à rester absolument étranger aux combinaisons financières sur lesquelles repose l'entreprise et qu'il s'est borné simplement à faire apport de la concession et de la garantie d'intérêt à la Société qui exploite le Wharf de Kotonou.

Attendu, en conséquence, que M. Chamuel, éditeur de l'ouvrage incriminé, et M. Canu, auteur dudit ouvrage, se sont rendus coupables, le premier comme auteur principal, le second comme complice par application de l'article 43 de la loi du 31 juillet 1881 (sic) (1) des délits prévus, et punis par les articles 23, 29, 32 et 33 de ladite loi.

Attendu que les allégations mensongères relevées ci-dessus ont causé et causent actuellement encore à M. Viard un préjudice considérable ; qu'il est en droit de demander réparation dudit préjudice et de solliciter des mesures pour le faire cesser dans le présent et dans l'avenir.

Attendu que malgré, la gravité des diffamations et des injures dont il est l'objet, M. Viard se borne à réclamer à titre de dommages intérêts la somme de dix mille francs, mais qu'*en raison même de sa modération* il est fondé à demander au Tribunal une réparation morale complète par la publication du jugement à intervenir dans quarante journaux tant de Paris que de province à son choix et les journaux officiels de la colonie du Dahomey et dépendances et de celle du Congo français.

(1) Me Martin Hueber, huissier audiencier et collègue de Me Couchot, voudra-t-il me permettre de lui demander quelle est cette loi du « 31 juillet 1881 » qu'il invoque ? Je suppose que c'est la Loi sur la Presse du 29 juillet 1881 dont, au reste, je démontrerai plus loin que cet officier ministériel ignore ou méconnaît les dispositions les plus essentielles.

Attendu, d'autre part, que pour faire cesser le préjudice dans l'avenir, il échet d'autoriser M. Viard à faire saisir tous les exemplaires de l'ouvrage incriminé partout où il s'en trouvera et d'ordonner la suppression du chapitre et des passages diffamatoires relevés ci-dessus dans les éditions nouvelles.

Par ces motifs ; se voir faire... etc.

*
* *

La lecture de ce long et peu spirituel *factum*, rédigé, pourtant sous l'inspiration de M. Viard par un sien ami qui est — saluez ! — officier d'académie ! me plongea dans une surprise que mitigeait une joie intense.

Tout de suite, j'entrevoyais l'exception d'incompétence à opposer à cette fantaisiste assignation et la possibilité d'aller, devant la Cour d'assises, administrer *coram populo* la preuve des faits qualifiés diffamatoires par M. Louis-Auguste Viard.

Ce n'est qu'après coup et à la réflexion que je découvris cette perle :

Attendu... que plus bas à la même page (237), l'auteur ajoute : « MM. Viard et Etienne étaient faits pour s'entendre... »

M. Viard jugeant injurieuse et diffamatoire pour lui la solidarité dans laquelle je l'ai uni à M. Eugène Etienne, ancien sous-secrétaire d'Etat

et vice-président de la Chambre des députés ! Cela
me sembla d'un comique énorme !

Pour ma part, si on m'avait prévenu que quel-
qu'un relevait cette phrase comme injurieuse,
j'aurais parié que c'était M. Etienne, bien que,
en critiquant sa politique coloniale que je désap-
prouve, je n'aie eu nullement la visée de l'inju-
rier, mais jamais je n'aurais osé penser que ce fût
M. Viard qui commît cette insigne maladresse —
à son point de vue, s'entend.

*
* *

Ce n'est que bien plus tard et alors que ma ré-
solution de plaider l'incompétence du tribunal
correctionnel et le renvoi en Cour d'assises était
bien arrêtée que mon éditeur et ami Chamuel me
rappela, comme je l'avais dit moi-même, que le
délit de diffamation commis à l'égard de M. Viard
était, aux termes très formels de l'article 65 de la
loi du 29 juillet 1881, couvert par la prescription
depuis le 4 mars, et que ledit explorateur (?) ne
pourrait même exciper de son absence de France
au moment de la publication de *La Pétaudière
coloniale*, la Cour de Cassation ayant jugé que
l'absence du diffamé n'est point et ne saurait être
suspensive des délais de prescription.

Mon éditeur voulait éviter les ennuis d'un procès — chose fort compréhensible ! — il était résolu à invoquer la prescription qui est d'ordre public et que le Tribunal appliquerait, au besoin, d'office ; il ne me restait qu'à m'incliner et à lui fournir les quelques documents en ma possession qui pouvaient concourir à prouver que la mise en vente du livre était antérieure de plus de trois mois à l'assignation du 27 avril.

*
* *

Cependant l'affaire ne saurait en rester là. Dès l'audience du 8 mai, mon excellent avocat et ami Me Raoul-Joubert, devant la barre du Tribunal, avait déclaré à son confrère, l'avocat de M. Louis-Auguste-Edouard Viard, qu'il allait soulever l'exception d'incompétence, ce à quoi notre adversaire et son conseil avaient répondu : — Nous irons devant la Cour d'assises *d'un cœur léger !*

Mon intention avait été connue de la presse et, dans leur numéro paraissant le 9 mai, l'*Autorité*, la *Libre Parole* et la *Petite République* l'avaient signalée à leurs lecteurs.

Je me trouve ainsi engagé vis-à-vis de M. Viard, de mes confrères et du public ; aux uns et aux autres j'ai promis la preuve, je la leur dois et

c'est pour la leur fournir que je publie aujour-
d'hui cette brochure qui rouvre pour M. Viard les
délais de prescription. J'espère que, cette fois, il
n'attendra pas d'être forclos pour lancer son assignation.

Que ne l'a-t-il fait tout d'abord? Rentré de sa
mission au Congo par le paquebot *Stamboul*, de
la compagnie Fraissinet, qui le débarqua à Marseille le 12 février, M. Viard avait encore tout le
temps utile devant lui pour entamer les poursui-
tes. S'il a laissé passer les délais, ce n'est que
sciemment, ce n'est que *volontairement*, et son
assignation, nulle en droit et nulle en fait, n'est
pas un acte extra-judiciaire, elle n'est qu'un *simulacre !*

S'il avait eu, « à l'instar des honnêtes gens »,
le désir de venger son honneur outragé, il n'aurait pas tant attendu, et sachant — car il le savait
c'est à n'en pas douter — qu'il était attaqué dans
mon livre, ce n'est pas le 10 mars qu'il aurait
envoyé demander mon adresse chez Chamuel en
usant de petits moyens que la simple loyauté
réprouve.

Qui donc, en pareille circonstance, aurait pris
soin de m'écrire, le 25 mars, pour m'avertir qu'il
était dans l'intention de m'assigner? Ceci ne peut

que constituer une manœuvre, d'intimidation pratiquée à l'égard de Chamuel et de moi par M. Viard dans l'espoir que, pour éviter un procès nous nous laisserions aller à quelque arrangement amiable et que nous «arroserions» l'honneur outragé de M. Viard.

Après ma lettre du 28 mars, M. Viard, ne pouvant espérer une aussi *aimable* solution, n'avait plus qu'à « marcher » ; et pourtant, il attend au *treize avril* pour faire préparer cette assignation dont il retarde la signification jusqu'au *vingt-sept avril*.

Et pourquoi la lance-t-il alors ?

Parce que je l'y ai contraint en communiquant à l'*Autorité* la note suivante parue dans son numéro du 18 avril dernier :

Le Wharf de Kotonou

« Nous apprenons de bonne source, que le concessionnaire du wharf de Kotonou, qui, à son récent retour du Congo, faisait savoir à M. A.-H. Canu, l'auteur de la *Pétaudière coloniale*, qu'il allait le poursuivre en diffamation, vient d'éprouver un premier déboire judiciaire.

La plainte qu'il avait portée contre l'agent financier qui créa la Société du Wharf a, en effet, été classée, non parce qu'elle arrivait après les délais de prescription, mais parce qu'elle était absolument mal fondée.

Il est à croire que M. Viard, — encore qu'il se soit, pour obtenir de l'amiral Krantz la concession du fameux wharf, recommandé de sa parenté fort lointaine avec un ancien ministre *civil* de la guerre, — ne se hasardera pas, en poursuivant M. A.-H. Canu, à un second mécompte, d'autant plus certain que l'auteur de la *Pétaudière coloniale*, nous assure-t-on, renoncerait volontiers au bénéfice de la prescription pour apporter la preuve des faits en cour d'assises. »

*
* *

M. Viard ne recula plus parce qu'il *ne pouvait pas reculer*. Son prestige (?) commençait à baisser même aux yeux de ses plus fidèles amis et, de toutes parts, on lui demandait : pourquoi ne poursuivez-vous pas ?

C'est donc sur ma sommation « itérative » — style d'huissier — qu'il se résolut à « marcher » et m'envoya le ridicule papier timbré dont j'ai plus haut fait connaître la teneur.

Au fond, qu'était cette attaque ? — Une fuite !

Je lui avais demandé la Cour d'Assises, ce qui

impliquait de ma part l'intention de faire la preuve devant cette juridiction qui, si elle bride fortement les insulteurs, acquitte volontiers les écrivains assez désintéressés pour dire carrément leur fait aux financiers véreux ; et M. Viard, sentant fort bien où « le bât le blessait » — soit dit sans vouloir faire de comparaison méchante — m'offrait la « Guillottine sèche » de la Correctionnelle, juridiction qui ne peut guère que constater la matérialité du délit et appliquer la peine.

Nous ne pouvions nous entendre sur ce terrain où M. Viard voulait m'emmener, pas plus que nous ne pourrions nous entendre pour aller « sur le terrain » ; de même qu'en matière judiciaire, je réclame le Jury, il me faudrait, au préalable, réclamer, en l'autre matière, un Jury d'honneur.

Pour éviter à M. Viard les nouveaux frais, tout aussi inutiles que les précédents, d'une deuxième assignation en *Correctionnelle*, je vais lui expliquer rapidement comment le procès qu'il pourrait être tenté de me faire est de la compétence de la *Cour d'Assises*, seulement.

Aux termes de l'article 35 de la Loi du 21 juillet 1881, la preuve est admise et devra être administrée devant le Jury : 1° contre les fonctionnaires, comptables des deniers publics ; 2° contre les

Directeurs et Administrateurs de toute entreprise industrielle, commerciale ou financière faisant publiquement appel à l'épargne ou au crédit public.

Or, M. Louis-Auguste-Edouard Viard, si l'on s'en rapporte aux actes constitutifs de la *Société française du Wharf de Kotonou*, a été, par l'article VII de l'acte sous-seings privés en date des 21 août et 7 septembre 1891, constituant la société en participation entre M. Viard et MM. Tailhades et Oulif, nommé « Directeur à Kotonou » pour y être chargé de « la direction des affaires de la participation ».

Et le « Directeur à Kotonou » a si bien pris part à la direction financière de la *Société française du Wharf* que l'article VIII du même acte l'autorise, au même titre que MM. Tailhades et Oulif, à émettre des *Bons de Délégation* destinés à pourvoir « aux besoins de la participation ».

La part prise par M. Viard à l'émission de ces titres — dont la création est illégale, nous la démontrerons ailleurs — doit être si effective que l'article XV du même acte oblige le « Directeur à Kotonou » à laisser en garantie de sa gestion, et pendant toute la durée d'ycelle, *cent* de ses « parts bénéficiaires », alors qu'il n'en a que *quinze cents*, pendant que MM. Tailhades et Oulif, qui possèdent *huit mille cinq cents parts*, en déposeront seulement *deux cents* ; ce qui revient à dire que tandis que les directeurs de Paris garantiront leur gestion par un dépôt égal à 2.36 °/₀ de leurs titres, le « Directeur à Kotonou » déposera 6.66 °/₀ des siens pour la même garantie.

S'il n'était déjà surabondamment établi que M. Viard a été, de la façon la plus effective, « directeur d'une entrepreprise industrielle et financière faisant appel à l'épargne et au crédit » par l'émission des *Bons de Délégation* nous en trouverions encore la preuve dans ce fait : que l'article XXVII du même acte constitutif des 21 août et 7 septembre 1891, en prévoyant la liquidation de la Société, remet cette liquidation aux soins des « Directeurs de la participation », et que le paragraphe 2 de l'acte sous-seings privés du 20 mars 1892 portant dissolution de la société constituée par l'acte précédent, en remet la liquidation aux soins de MM. Viard, Tailhades et Oulif.

Donc, pour ce que j'ai dit du *Wharf de Kotonou* et des agissements y relatifs de M. Viard, je dois être admis à faire la preuve et, conséquemment, justiciable de la seule Cour d'Assises.

*
* *

Mais, aujourd'hui, et dans le seul but de mettre à tout jamais M. Louis-Auguste-Edouard Viard hors d'état *d'explorer les poches de ses contem-porains*, je vais révéler d'autres faits et commettre un nouveau délit de diffamation également jus-ticiable de la Cour d'Assises.

En racontant l'histoire fort édifiante de sa mis-sion au Congo, je diffamerai volontairement l'homme investi d'un mandat officiel arraché à l'incompréhensible faveur du gouvernement, l'homme qui, s'étant vu allouer un crédit de 4,000 francs sur le Budget de l'Etat (Budget des Colonies pour 1894 : chap. 15 — missions et études coloniales), est devenu, *ipso facto*, un fonction-naire comptable des deniers publics contre le-quel la preuve des imputations diffamatoires est admise aux termes de l'article 35, paragraphe 1ᵉʳ, de la loi du 29 juillet 1881.

* *
* *

Et maintenant, alors que j'ai réédité le passage de *La Pétaudière coloniale* qu'il considérait comme diffamatoire, que M. Louis - Auguste - Edouard Viard m'assigne en Cour d'Assises, *s'il l'ose !*

Mais il ne l'osera pas. Il a fui le débat en m'appelant en correctionnelle alors qu'il se savait forclos. Il a fait ce vain simulacre pour inspirer à ceux qui commençaient à douter de lui, une confiance relative en leur montrant qu'il m'assignait ; il a tenté de relever son prestige en tarifant son honneur (?) à dix mille francs de dommages-intérêts et à l'insertion du jugement dans *quarante-deux journaux* dont les journaux officiels du Dahomey et du Congo.

Pourquoi le *Journal officiel du Congo* ? dira-t-on. — C'est que, là, le prestige de M. Viard s'est trouvé fortement entamé par les actes mêmes de l'ancien employé de la *Compagnie Française de l'Afrique équatoriale* et de la *Société Flers-Exportation*.

Au fait, pourquoi ne conterais-je pas dès à présent l'histoire de la mission d'études de M. Viard au Congo.

*
* *

Au mois d'août 1894, M. Louis-Auguste-Édouard Viard, réduit *a quia*, et ne sachant comment désintéresser les quelque trente créanciers qui ont mis opposition sur ses *Actions* et *Parts* du Wharf de Kotonou et les ont fait séquestrer chez Me Thomas, avoué à Paris — M. Bréger, tailleur de M. Viard, a mis opposition pour 930 francs — M. Viard, dis-je, ne sachant plus à quel saint se vouer et n'ayant pu, malgré les instantes démarches de ses amis de Kotonou, obtenir une de ces missions inutiles et vaines qui lui permettrait de soutirer quelques billets de mille francs à notre pauvre budget des Colonies qu'on gaspille à plaisir, parvient à se faire mettre par un sien ami— bon colonial en chambre— en relations avec M. Elisée Becq, chef du cabinet de M. Delcassé, ministre des Colonies.

Ayant offert à M. Becq un diner succulent, M. Viard le pria de l'aider à lui faire obtenir une mission au Congo ; mais il y a mission et mission comme il y a fagot et fagot, et M. Viard ne se sentait aucune des dispositions aventureuses qui sont nécessaires pour marcher sur les traces des Crampel, des Maistre ou des Dybowsky : il ne s'en reconnaissait pas beaucoup plus pour une « mission d'études », mais, celle-ci étant infiniment moins dangereuse que celles-là, ce fut sur elle que l'ancien pioupiou des 6ᵉ et 44ᵉ régiments de ligne fixa son choix.

M. Becq, ne négligeant pas la reconnaissance de l'estomac, s'entremit vigoureusement et obtint de *son* ministre pour M. Viard une « mission d'études au Congo » donnant lieu à l'ouverture d'un crédit de 4,000 francs à payer en quatre termes égaux échelonnés comme suit :

1000 francs au départ de Paris

1000 francs à l'arrivée à Libreville

1000 francs au départ de Libreville pour retour.

1000 francs à la remise du rapport au retour à Paris.

Total, 4000 francs, non compris les frais de passage à bord des paquebots, payables par l'Etat et qui auraient dû être de 1100 francs pour aller et 1100 francs pour retour, mais furent, en réalité, de 2.400 francs, M. Viard s'étant, « aux frais de la princesse » et au mépris de tout droit, offert une escale à Kotonou.

En conséquence, M. Viard (Louis-Auguste-Edouard) s'embarque à Marseille le 25 septembre 1894 sur le *Pélion*, de la compagnie Fraissinet et débarque à Libreville le 19 octobre suivant.

Son premier soin est d'aller au trésor se faire payer le second terme de son crédit ; ceci fait, il exécute sa mission d'études en explorant de la façon la plus complète les cafés, débits et *mercantis* de de Libreville en compagnie d'un de ses amis qui, également « chargé de mission », trimballe avec lui sa maîtresse, une petite cocotte parisienne.

Cette étude attentive absorbe tous les instants de M. Louis-Auguste-Edouard Viard jusque vers les premiers jours de décembre, et c'est alors que, après deux ou trois visites dans les bureaux du commissariat général, il est reçu par M. de Brazza lui-même le 10 décembre.

Vient-il demander des renseignements ou un appui spécial pour mener à bien sa mission d'études ? — Non pas, M. Viard déclare simplement à M. le Commissaire général qu'il est le représentant d'un syndicat financier riche et influent au nom duquel il vient solliciter.... la concession de *quinze mille hectares de terre* répartis sur divers points de la colonie.

Venir en mission, *aux frais du Budget national*, pour faire une pareille demande dont le but évident était de *monter quelque louche affaire financière* avait de quoi surprendre n'importe quel honnête homme !

Le Commissaire général du Congo répondit à M. Viard en l'invitant à lui adresser une demande écrite contenant la liste exacte et complète de ce syndicat financier dont, bien que chargé de mission par le gouvernement, il était l'agent, et de joindre à cette demande un document cartographique indiquant exactement les points sur lesquels les concessions sont sollicitées et l'étendue de chacune d'elles.

M. Louis-Auguste-Edouard Viard est, sans au-

cun doute, un peu estomaqué de l'accueil quelque
peu réfrigérant qui lui est fait, car il prend quarante huit-heures de réflexion pour envoyer à M.
le Commissaire général une demande en concession de 15.000 hectares formulée en son nom *seul*
— le syndicat riche et influent s'est évaporé — à
laquelle il joint, pour préciser les points à concéder,
une *très ancienne* carte du Congo sur laquelle
il a marqué en rouge, comme faisant l'objet de
sa demande, des noms de lieux qui n'ont jamais
existé que dans la pensée du cartographe amateur,
géographe fantaisiste comme M. Viard est explorateur de fantaisie » (1).

En présence d'une demande aussi peu sérieuse,
le Commissaire général répond à M. Viard qu'il
est étonné que, venu au Congo, *aux frais de
l'Etat,* pour y solliciter une concession de cette
importance, il n'ait pas encore eu, depuis tantôt
deux mois qu'il est dans la colonie, le temps de
prendre connaissance de l'Arrêté local du 26 septembre 1891, publié par le *Journal officiel du
Congo* du 5 Octobre 1891, concernant les ventes
et concessions de terrains.

Cela, c'est le « pot-au-lait de Perrette » ! M.

(1) Voyez le livre du Commandant Mattéi : *Bas-Niger,
Benoué, Dahomey,* page 126.

Viard n'avait demandé une mission d'études que pour aller là-bas pêcher, au moyen de son mensonge indigne du « Syndicat financier riche et influent », une concession territoriale que, de retour en France, il monnaierait en *Actions* et *Parts de Fondateurs* comme il avait jadis monnayé sa concession de Wharf de Kotonou obtenue de la faiblesse de l'amiral Krantz en se prévalant auprès de lui de la protection toute-puissante et même d'une parenté *imaginaire* avec M. de Freycinet, sénateur, ancien président du Conseil et ministre de la guerre.

Pérette, la laitière, se borna à verser des larmes sur son pot de lait répandu et sa ferme évanouie, M. Viard, lui, entra en rage et conçut une rancune amère contre le Commissaire général du Congo, coupable de lui avoir refusé une concession que l'ancien chef de la succursale de Kotonou, de la *Société Flers-Exportation*, n'était capable que de mettre « en valeurs » au porteur, mais non point en valeur effective.

M. Louis-Auguste-Edouard Viard juge aussitôt qu'il a assez vu et étudié le Congo, — lui qui n'est point sorti de Libreville, — et après s'être fait payer le troisième terme de son crédit de mission, il prend le premier paquebot qui passe et s'embarque, le 7 janvier 1895, à bord de la *Ville de Maranhao* (des Chargeurs-Réunis) qui le dépose à Kotonou le 10 du même mois.

De quel droit cette escale qui, pour le bon plaisir de M. Viard, coûte deux cents francs au budget de l'Etat ? N'ai-je pas le droit de dire que M. Viard, en cette circonstance, a « exploré les poches des contribuables » ?

Le 23 janvier, M. Viard se réembarque à Kotonou sur le *Stamboul* (de la Cie Fraissinet) et arrive à Marseille le 12 février.

Pendant la traversée, son attitude à bord a été plus qu'étrange — disent les passagers; c'est avec une extraordinaire jactance que cet « explorateur » qui ignore l'intérieur de la colonie, parle du Congo, de ses productions, de son avenir, et c'est à « bouche que veux-tu » qu'il dénigre l'honorable et honoré Commissaire général et dénie l'œuvre accomplie dans ce pays par les braves gens qui y sont depuis dix ans et luttent en vaillants pionniers de la civilisation française en Afrique.

A Marseille, dans les bureaux du commissariat colonial, il continue la campagne de dénigrement commencée à bord du *Stamboul* et son attitude semble si révoltante qu'on refuse de lui payer l'indispensable provision qu'il demande sur le quatrième terme de son crédit de mission tant qu'il n'aura pas remis son rapport.

M. Viard n'a rien préparé, il n'a aucunes notes de voyage, mais il est homme de ressource ! Il se rend dans un café de la Cannebière et là, tout en sacrifiant à Gambrinus, il brasse une indigeste tartine qu'il porte au commissariat où, sur le vu de ce paquet de papier, on refuse de nouveau de lui de lui payer une provision de 500 francs.

Il prend alors le train pour Paris, et, comme la direction des affaires politiques et commerciales, se refuse, sur la foi des traités, à compléter à M. Viard le quatrième terme de son crédit de mission tant que le « chargé de mission » n'aura pas remis un rapport un peu plus sérieux que le factum pondu à Marseille et que « l'explorateur africain bien connu » (1) se reconnaît lui-même incapable de faire un rapport sur autre chose que les « caboulots » de Libreville, il en conçoit pour les fonctionnaires du Ministère une haine formidable et s'en va les décriant partout.

Le refus opposé par la caisse de l'administration met à ce point M. Viard aux abois qu'il pousse

(1) C'est la *France* qui qualifie ainsi M. Viard.

l'audace jusqu'à écrire à M. Chautemps une lettre *enjoignant* au ministre de lui payer sur l'heure le solde de son crédit de mission, faute de quoi il se verrait dans la triste nécessité de soulever un scandale au sujet de certains *hauts fonctionnaires du ministère.* Comme conclusion, M. Viard réclame au ministre « une situation qui est bien due à tous ses services. »

M. Chautemps aurait peut-être bien fait de protéger un peu ses collaborateurs en communiquant cette lettre au procureur de la République ; malheureusement, croyant sans doute que M. Viard était en proie à un accès de fièvre chaude, il se contenta de jeter son épître au panier.

Mais notre homme, ne voyant rien venir du côté du Pavillon de Flore conçoit alors une idée géniale : Il croit avoir payé trop cher les services de l'agent financier qui monta la *Société du wharf de Kotonou* et il essaie de lui demander une restitution sur la commission qu'il lui a naguère librement consentie et que l'intermédiaire a régulièrement encaissée.

Dans ce but il lui dépêche un agent d'affaires interlopes de la rue Joubert, nommé D... ; celui-ci ayant été éconduit, M. Louis-Auguste-Edouard Viard, furieux, rédige une plainte en escroquerie contre son ancien « mandataire » qu'il accuse de lui avoir, en se prévalant d'un crédit imaginaire, extorqué 150,000 fr. en espèces et 150,000 fr. en titres du *Warf de Kotonou*. M. Viard omettait, d'ailleurs, d'ajouter qu'il a été hors d'état de *livrer* les titres qu'on lui a, soi-disant, *extorqués* puisqu'ils sont sous séquestre en l'étude de M⁰ Thomas.

Cette plainte formulée alors que quatre ans révolus sont déjà passés sur la prétendue extorsion de fonds et de titres — ces derniers non livrés ! et pour cause. — M. Viard la dépose au Parquet de la Seine le 11 mars, puis, sans retard, il en porte une copie *entièrement écrite de sa main* — je l'ai vue de mes propres yeux — à un honorable mais trop confiant sénateur qui, s'en rapportant aux dires de M. Viard, et sans se douter de quelle machination il se fait le complice, porte les faits à la tribune parlementaire dans la séance du 5 avril au cours de la discussion du budget des Colonies.

Cependant, après une enquête judiciaire au cours de laquelle le plaignant et l'accusé sont confrontés, la justice reconnaît que la plainte est MAL FONDÉE, et l'affaire est classée. Mais M. Viard ne se tient pas pour battu et s'en va répétant que sa plainte a été classée « comme *prescrite* » à tous les naïfs qui veulent bien l'entendre et qui ignorent que les faits similaires ne se prescrivent que par *dix années*, alors que ceux dont M. Viard prétend avoir été victime ne remontent qu'à fin janvier 1891, c'est-à-dire à *quatre ans et deux mois*.

Après avoir si mal agi envers un sénateur qui a reconnu plus tard que sa bonne foi avait été surprise, M. Viard se tourne vers un autre membre du Parlement, qui a occupé une des plus hautes situations dans l'Etat, et va lui raconter les mêmes fables.

Mais M. Viard mène de front toutes les affaires qui doivent, à la fois, lui procurer de l'argent et servir ses rancunes.

C'est le 11 mars qu'il a déposé sa plainte en escroquerie et c'est vers la même date que Mme Engels-Viard est venue chez Chamuel demander mon adresse.

Il n'oublie pas sa mésaventure du Congo et, avec une patience d'Apache, il attend l'arrivée à Paris de M. de Brazza dont on annonce le retour en France. Enfin, les journaux font connaître l'arrivée à Marseille du Commissaire général du Congo et M. Viard apprend par eux que c'est le samedi 13 avril qu'il débarquera du rapide de Marseille.

C'est le moment que choisit notre « Explorateur de fantaisie » (1) pour porter à la *France* qui l'insère dans ses numéros des 14 et 15 avril, un article aussi long que fielleux rédigé sous forme d'étude — plutôt *signé* que rédigé — par M. Viard que la *France* qualifie : « *l'explorateur africain bien connu* » et qui garde rancune à l'administration coloniale congolaise de lui avoir refusé les moyens de battre monnaie avec une concession gratuite.

*
* *

Le lecteur a certainement compris maintenant ce que vaut M. Viard qui tarife son honneur au prix de *Dix mille francs !* — excusez du peu ! — et demande qu'on en pratique à mes frais le recrépissage dans 42 journaux, dont l'*Officiel du Congo*.

Mais j'ai dit que M. Viard ne viendrait pas chercher en *Cour d'assises* la preuve des faits diffamatoires et que cette preuve je la dois au

______

(1) Commandant Mattei.— *Bas-Niger, Bénoué et Dahomey*; page 126.

public, à mes confrères de la presse et à M. Viard lui-même.

En ce qui concerne le Congo, je ferai la preuve testimoniale, au besoin, par commission rogatoire au parquet de Libreville ; les faits que j'ai énoncés sont rigoureusement exacts et M. Viard, malgré toute son impudente audace, n'oserait les nier.

En ce qui touche au *wharf de Kotonou* j'ai écrit (1) et reproduit (2) que « M. Viard, se di- « sant *explorateur* (?) était, surtout, animé du « désir d'explorer les poches de ses contempo- « rains » et ceci je vais le prouver.

Après avoir obtenu de l'amiral Krantz, en se prévalant de la recommandation de M. de Freyci- net et même d'une parenté MENSONGÈRE — je le répète — avec cet homme d'Etat, la concession du wharf de Kotonou, M. Viard s'associa avec M. Burdo, également explorateur (3), pour fonder sous la raison sociale « Viard et Burdo » un *Comité d'études du Port de Kotonou* ayant son siège à Paris, 11, rue du Conservatoire, et, un peu plus tard, 9, rue de Belzunce.

(1) *La Pétaudière coloniale*, page 237.
(2) Voir plus haut, pages 4 à 15.
(3) M. Burdo est décédé le 18 juin 1891 ; j'éviterai donc, dans toute la mesure du possible, de parler de lui.

A quelles études se livra ce Comité composé d'un malade et d'un incompétent? Nul ne le sait au juste. On le trouve toutefois mêlé à une affaire assez curieuse d'exportation des nègres du Bénin pour les travaux du chemin de fer du Congo belge.

Cette affaire, entreprise, sur l'initiative de M. Burdo et du consentement de M. Viard qui s'y était engagé *personnellement* dès avant que son mandataire chargé de le représenter à Paris en eût connaissance, devait être lucrative : elle donnait lieu à une prime de *neuf francs* par nègre exporté sur laquelle M. Viard comptait beaucoup pour se refaire.

L'affaire ne réussit pas ; ce n'est pas de la faute des deux associés, mais seulement de celle de l'autorité locale du Bénin qui, *malgré M. Viard,* s'opposa à ce qu'on dépeuplât le pays des porteurs dont allait avoir besoin le général Dodds.

Aujourd'hui M. Viard va partout, répétant que des intermédiaires lui ont proposé l'affaire et que c'est par patriotisme qu'il l'a repoussée. J'ai entre les mains une correspondance qui prouve qu'en disant cela, M. Viard affirme une contre-vérité; quant à son patriotisme (?) on verra plus loin ce qu'en vaut l'aune.

En ce qui touche aux études du wharf, on sait seulement que *rien n'était fait* quand, vers la fin de 1890, M. Burdo fut mis en relations avec un intermédiaire — que je ne veux pas défendre et que je n'ai pas à défendre — lequel se chargea de trouver les éléments financiers indispensables à l'entreprise. M. Burdo amena M. Viard à celui-ci et, las de leurs infructueuses démarches, ils se hâtèrent d'accepter un concours qui ne devait être rémunéré qu'après réussite de l'affaire. Grâce aux bons offices de l'intermédiaire librement choisi et accepté et auquel ils avaient non moins librement consenti la commission que, *quatre ans après*, M. Viard qualifiait d'*escroquerie* dans sa plainte au Parquet, dès le 29 janvier suivant MM. Burdo et Viard passaient avec MM. Tailhades et Oulif des conventions verbales aux termes desquelles une société, au capital d'un million de francs divisé en 2,000 actions de 500 francs, était créée pour la construction et l'exploitation du wharf de Kotonou.

Aux termes de ce contrat MM. Viard et Burdo recevaient *deux cents mille francs* en espèces, *trente-trois* pour cent du capital-actions et *cinquante* pour cent des « Parts de fondateur »; c'est-à-dire que, outre les *cent mille francs* en espèces, ils bénéficiaient chacun de 330 actions et 500 parts ce qui permet, en se basant sur les cours en bourse aussitôt après l'émission publique tels que les indique le *Temps* du 11 juillet 1892, de calculer ainsi le prix que leur fut payée la concession qui ne leur avait pas coûté *un maravédis* :

```
Espèces. . . . . . . . . . . . . .      100.000
330  actions d'apport au cours
     de 570 francs. . . . . . . .      188.100
500 parts de fondateur au cours
     de 346 fr. 25. . . . . . . .      173.125
Soit au total pour chacun. . . .       461.225 fr.
```

Et pour eux deux la jolie somme de NEUF CENT VINGT-DEUX MILLE QUATRE CENT CINQUANTE FRANCS.

Si cette dernière somme a donné lieu à une commission de 150.000 francs, on conviendra que l'intermédiaire pouvait bien être fondé à la réclamer puisqu'il avait édifié cette *fortune* sur *rien* : une concession *gratuite* !

Le jour même de l'échange de ces conventions verbales, M. Viard empocha 50,000 francs espèces, dont il ne parle jamais, et que MM. Tailhades et Oulif lui versèrent, à charge par lui d'aller faire à Kotonou un voyage *d'étude* — toujours ! quel homme studieux que M. Viard — qu'il fit, en effet, et dont la dépense totale n'atteignit pas dix mille francs, car M. Viard ne faisait qu'accompagner M. Thomas, ingénieur de la Société des Batignolles, qui fit toutes les études techniques et fut payé de ses frais et honoraires par MM. Tailhades et Oulif.

Après avoir, par ses engagements contractuels du 29 janvier 1891, contribué à la fondation d'une société à *capital fictif* puisqu'il n'y a là que des apports comme « le crédit et les relations d'affaires » de MM. Tailhades et Oulif, et les « connaissances spéciales d'explorateur » de M. Viard, celui-ci prend part à la création de « Parts de fondateur », c'est-à-dire de titres qui sont interdits par les lois de 1845 et de 1880 aux entreprises de chemin de fer et de tramways auxquelles le *Wharf de Kotonou* est industriellement, financièrement et logiquement assimilable.

Par les dispositions de l'article VIII de l'acte sous-seings privés des 21 août et 7 septembre 1891, M. Viard prend encore part à la création des « Bons de Délégation » et non seulement, il contribue à les créer, mais l'examen judiciaire des souches de ces titres prouverait probablement qu'il est passé de la théorie à la pratique et qu'il a usé du droit que lui conférait l'article VIII de l'acte social.

Or, que sont ces « Bons de Délégation » sinon des « Obligations à intérêt garanti » obligations que les mêmes lois de 1845 et de 1880 interdisent aux sociétés qui n'ont pas, au moins la moitié de leur capital social souscrit *en espèces* ; et la société du *Wharf de Kotonou* n'a qu'un capital d'apports c'est-à-dire purement fictif, ce que l'acte sous-seings privés des 21 août et 7 septembre 1891 reconnaît explicitement dans son article VIII qui commence ainsi :

« La participation n'a point de capital ; MM. Viard
« et Tailhades et Oulif pourvoieront aux besoins
« de la Participation au moyen de la création et
« du placement de Bons au porteur dénommés
« Bons de Délégation... etc. ».

L'émission de ces « Parts de fondateur » et de ces « Bons de Délégation » est contraire à la loi. Voilà pourquoi j'ai dit que M. Viard, en y ayant participé, en s'étant fait par ce moyen de l'argent avec RIEN, « *avait exploré les poches de ses contemporains* » puisqu'il en a sorti l'argent pour l'y remplacer par des titres aujourd'hui invendables.

J'aurais même pu donner à cette « exploration » le caractère tout particulier de mauvaise foi qu'elle a réellement si, attaquant personnellement M. Viard, j'avais ajouté que cet « explorateur » avait vendu lui-même, contre espèces, à diverses personnes, des titres du *Wharf* qui eussent pu lui appartenir s'ils n'avaient été le gage de ses créanciers antérieurs ; ceux-ci avaient fait séquester les titres et M. Viard, qui ne l'ignorait pas, en vendant des valeurs dont il savait ne pouvoir disposer, commettait une action qui ressemble beaucoup à la « vente du bien d'autrui » prévue par le Code Pénal.

J'aurais pu dire aussi que, non content d'explorer les poches de ses contemporains par les manœuvres que je viens d'exposer, M. Viard avait également exploré celles de ses co-associés eux-mêmes, puisque, après s'être fait donner par l'acte constitutif de la Société en participation des 21 août et 7 septembre 1891 (Art. VII, *in fine*) le titre de « Directeur à Kotonou » qui lui valait, aux termes d'arrangements antérieurs, une grasse rétribution, il a, sans quitter la France, très ponctuellement, mais très irrégulièrement, émargé les appointements attachés à une fonction qu'il ne remplissait pas.

Je savais toutes ces choses-là lorsque, en septembre-octobre, j'ai écrit *la Pétaudière Coloniale* et, si je ne les y ai pas énoncées, c'est précisément parce que j'étais sans acrimonie personnelle aussi bien contre M. Viard que contre tant d'autres personnes dont j'ai cité les noms et les actes. Sans le *simulacre* d'attaque que dirige contre moi M. Viard, — simulacre qui, je le répète, couvre et déguise une véritable fuite, — je n'eusse jamais porté ces détails à la connaissance de mes confrères et du public à qui je les dois aujourd'hui, parce qu'ils sont la preuve certaine de ma probité et de ma modération d'écrivain.

*
* *

Mais M. Louis-Auguste-Edouard Viard, assoiffé de vengeance demande à ma bourse la réparation de la brèche faite à son honneur outragé.

S'il ose me traduire en Cour d'assises, je citerai tous les témoins utiles pour établir que l'honneur de mon adversaire ne vaut pas les dix mille francs qu'il me demande dans son simulacre d'assignation et je démontrerai ce qu'est la *moralité* de M. Viard.

Je lui demanderai de renseigner le Jury de la Seine sur ce qu'était cette tentative d'exploration des poches des autres qu'il tenta de faire en 1883, sous le nom pompeux de « *Compagnie des Factoreries françaises du Soudan.* »

Je lui demanderai encore de faire savoir aux

honnêtes gens auxquels il aura demandé de me condamner pourquoi, après avoir été, en 1880, dans le Bas-Niger comme membre de la mission commerciale dirigée pár l'honorable et regretté comte de Semellé, il a brusquement quitté la *Compagnie française de l'Afrique équatoriale.*

Je lui demanderai aussi d'exposer au Jury comment il s'est lavé des graves soupçons que firent peser sur lui les àctes de sa gestion de la succursale de Kotonou qu'il dirigeait pour le compte de la Société Flers-Exportation.

A ces sources autorisées, MM. les membres du Jury devant lequel *pourrait* me traduire le sieur Viard (Louis-Auguste-Edouard) puiseraient déjà des éléments sérieux d'information sur la moralité du plaignant ; mais si cela ne leur suffisait encore pas, nous mettrions sous leurs yeux le document que voici ; c'est un extrait du numéro du 28 novembre 1872 du journal *Le Nouvelliste de Seine-et-Marne* qui se publie à Melun :

Cour d'Assises de Seine-et-Marne
(4ᵉ Trimestre de 1872)

PRÉSIDENCE DE M. DESMAZE, CONSEILLER A LA
COUR D'APPEL DE PARIS

Audience du 26 novembre 1872
AFFAIRE VIARD. — FAUX.

Louis-Auguste-Edouard Viard, le premier accusé
a servi comme caporal-fourrier au 6ᵉ de ligne. Il a
fait campagne pendant la désastreuse guerre de
1870-71. Fait prisonnier avec son régiment, il est
allé en Allemagne attendre la paix conclue……

A la fin de la guerre, Viard rentra en France et
fut envoyé en garnison à Vesoul. C'est là que,
s'ennuyant d'avoir servi honorablement jusque là
son pays, il se détermina à abandonner sa garnison et à se réfugier à Paris.

Quand ses ressources furent épuisées, il songea
aux moyens de s'en procurer, et, comme il arrive
presque toujours après un premier méfait, au lieu
de travailler à se réhabiliter à ses propres yeux
par une conduite honnête, il demanda encore au
crime le moyen de vivre.

Il avait connu au régiment un nommé Bacot,
né à Paris ; il alla lever à la mairie du vᵉ arron-
dissement l'acte de naissance de cet individu.
Muni de cette pièce authentique, il se fit passer
pour Bacot lui-même et, en apposant la signature

de son camarade sur un acte de remplacement, il parvint à se faire admettre au 44ᵉ régiment de ligne. C'est à Fontainebleau qu'il fut incorporé.

Suivant les conventions conclues entre les parties contractantes, il a touché sur le prix convenu une somme de 1,000 francs qu'il a mangée, et il devait recevoir le reste plus tard. Aujourd'hui, le jeune homme avec lequel le marché a été conclu est obligé de se procurer un second remplaçant ou d'aller finir son temps de service militaire.

Le défenseur de l'accusé, Mᵉ Poyez, s'est attaché dans sa plaidoirie à appeler sur son client l'indulgence du jury ; il y a réussi assez bien puisque Viard n'a été condamné qu'à *cinq années d'emprisonnement* et à *cent francs d'amende*.

*
* *

Le document est édifiant ! de plus il en est un autre que, malheureusement, nous n'avons pas entre les mains mais qu'il serait assez aisé de se procurer : c'est le compte rendu, certainement publié par un des journaux de Bordeaux, de l'audience tenue le 18 décembre par le conseil de guerre de cette ville.

En effet, si M. Viard avait payé au prix de cinq ans de prison et cent francs d'amende le crime de *faux en écritures publiques* dont il avait eu à répondre devant la Cour d'assises de Seine-et-

Marne, il n'était pas quitte du *crime de désertion à l'intérieur.*

Il fut donc renvoyé pour ce fait devant le conseil de guerre de Bordeaux qui, le 18 décembre 1872, usant à nouveau d'indulgence et en raison peut-être de la condamnation prononcée contre l'ancien caporal fourrier du 6e de ligne, infligea seulement à Louis-Auguste-Edouard Viard le minimum de la peine encourue, soit *deux ans de prison.*

Les douze honnêtes citoyens que Viard, l'ancien *vendu,* aura appelés à me juger seront peut-être quelque peu surpris en apprenant que c'est à un escroc, à un faussaire, à un *déserteur,* qui se recommande, mensongèrement et comme par dérision, de sa parenté avec un ancien *ministre de la guerre,* qu'un ministre de la République a eu l'incurie ou la faiblesse de concéder la construction et l'exploitation du *Wharf de Kotonou,* mais ils estimeront certainement que la brèche que j'ai pu faire à l'honneur (?) du sieur Viard est moins sérieuse que les atteintes qu'il y a portées lui-même par ses propres actes, et ils se refuseront à condamner un honnête homme coupable seulement d'avoir appelé un chat un chat et Viard un fripon.

Dix mille francs *de dommages-intérêts* et *l'insertion du jugement à intervenir dans* quarante-deux journaux, voilà ce que Viard, l'ancien pensionnaire des maisons centrales, me demandait devant la 9e Chambre correctionnelle ! il prostituait la Justice au point d'en faire la complice de ses chantages et de lui demander de faire des rentes à son infamie !

Maintenant qu'il est démasqué, je mets Louis-Auguste-Edouard Viard, explorateur des poches des autres, chevalier d'industrie, etc., au défi de me traduire en Cour d'Assises.

POST-SCRIPTUM

Au moment où je corrige les épreuves de cette plaquette — qui n'a d'autre but que de mettre sous les yeux du public ce qui eût constitué ma défense devant la Cour d'assises, si M. Viard ne m'avait pas assigné alors qu'il me savait couvert par la prescription — on me communique, en épreuve-bonne-feuille portant la date du 24 mai 1895, une brochure *signée* de M. Viard, mais *écrite* par un sieur B......s, et imprimée à l'*Imprimerie des Arts et Manufactures* aux frais — vraiment considérables ! — d'un néo-Mécène qui m'est inconnu, mais que je tiens pour un amateur passionné de scandale, pour être éditée chez Savine.

C'est la continuation de la farce !

M. Viard déclare, en quelques mots, qu'il n'est animé d'aucune haine ni d'aucun désir de scandale, puis il ajoute :

« Odieusement pris à partie à propos du Wharf de Kotonou, je me défends. »

C'est une pitrerie de plus qui s'ajoute aux autres et qui m'a tout de suite rappelé la célèbre parade foraine :

> Cet animal est très méchant,
> Quand on l'attaque il se défend !

Ainsi, j'ai *odieusement* attaqué M. Viard ; mais il m'a assigné et c'est à moi que devrait incomber la douleur d'entendre « le foudroyant réquisitoire » qui serait la suite et le corollaire logique du « petit bleu » de M° Hueber, et la mission de présenter ma défense ; mais M. Viard éprouve le besoin de substituer à ce réquisitoire, que j'étais *en droit* d'attendre, un modeste plaidoyer dans lequel il est bien, incidemment, question de « certaines publications » — malgré ce pluriel voulu, lisez : « *La Pétaudière coloniale* »—mais qui n'est, en somme, que la reproduction un peu commentée et éclaircie de sa plainte du 5 ou du 11 mars — M. Viard ne le sait pas au juste.

Cette plainte, il en avait donné connaissance à M. le sénateur Isaac, puis il l'a portée à un député, ancien ministre, dont il a tenté d'abuser la religion ; maintenant, il la fait connaître au public.

Il est fort compréhensible que le Parquet n'ait pu lui donner aucune suite, car elle fourmille d'inexactitudes que je ne m'arrêterai pas à relever une à une : il me faudrait pour cela doubler le nombre de pages de la présente plaquette et ce serait évidemment faire à un ex-pensionnaire de maison centrale beaucoup plus d'honneur qu'il n'en mérite.

C'est, après un préambule de lieux communs, avec des contre-vérités que le condamné pour faux du 26 novembre 1872 a garni les quatre-vingt-quatorze pages de sa plaquette prétentieusement intitulée : Historique du Wharf de Kotonou,

Je ne perdrai pas mon temps à les rétorquer, quelque facilité que j'y puisse avoir, mais il est cependant trois points que je ne laisserai point passer sans réfutation.

1° M. Viard écrit, page 10 :

« Le 21 février 1888, M. Félix Faure, alors sous-secrétaire d'Etat aux Colonies, me chargea de faire l'étude du pays situé au nord de Porto-Novo. »

Tout d'abord, il nous paraît surprenant que M. Félix Faure ait pu, le 21 février 1888, signer une lettre de mission à M. Viard pour la raison fort simple que le député de la Seine-Inférieure était démissionnaire depuis trois ou quatre jours et avait été remplacé dans le *premier cabinet Tirard* par M. de La Porte, nommé sous-secrétaire d'Etat des Colonies, par décret du 20 février. Voilà une première contre-vérité qui s'explique par ce fait que M. Viard, qui n'a pas le « désir de faire du scandale », serait bien aise de mêler le nom justement respecté et honoré de M. le Président de la République à ses turpitudes.

Que dirait le public s'il venait à savoir que Celui qui est aujourd'hui le Premier dans l'Etat a jadis commis cette impardonnable imprévoyance de charger un « repris de justice » d'une mission et d'autoriser un faussaire et déserteur à mettre la signature de la France au bas d'un traité diplomatique, l'instrument dût-il être signé collatéralement par un chef nègre ?

Est-ce ce scandale que voulait, grâce à une fausse date, soulever M. Viard ? Croyait-il donc que tout le monde se laisserait prendre à ce piège grossier, et qu'il ne se trouverait personne pour l'empêcher de prendre le Président de la République pour bouclier.

L'impardonnable faute a été commise; mais ce n'est point par M. Félix Faure, c'est par M. de La Porte. (Evacuez les malades d'Obock sur le Gabon !)

*
* *

2° A la page 16 de son opuscule M. Viard écrit :

« Le 10 août 1889, j'étais de nouveau envoyé *en mission* au Dahomey et je laissais à Burdo le soin de diriger l'affaire de l'appontement. Revenu à Paris vers la fin de mai 1890..... »

Ceci est encore fait pour, en imposer au public et laisser croire que cette « mission » est encore une « mission officielle » donnée par le Gouvernement. Il n'en est rien cependant : car le 10 août 1889, M. Viard partait pour le compte de la *Société Flers-Exportation*, en qualité de chef ou directeur du comptoir de cette entreprise commerciale à Kotonou. Il a bien soin de ne pas faire connaître les résultats peu brillants de sa « mission », et encore moins de dire que sa gestion fut telle qu'elle faillit l'envoyer, pour la troisième fois, devant la justice criminelle de son pays.

*
* *

3° Enfin, M. Viard écrit, pages 88 et 89 :

« En avril 1891, alors que la première campagne du Dahomey était à peine terminée et qu'un retour possible des guerriers du roi Behanzin était à craindre, me trouvant à Kotonou pour les travaux d'études du Wharf, ils (1) ont eu le cynisme de m'envoyer toute une combinaison pour dépeupler les pays du Benin en faveur d'une colonie étrangère. Ils m'offraient une prime de 9 fr. par nègre embarqué si je consentais à les aider et ils me disaient :

« Si vous opérez sur des centaines d'hommes ce « sera bien, sur des milliers ce sera mieux ».

« Et des instructions, des ordres plutôt, étaient envoyés à un fonctionnaire influent pour qu'il facilitât l'opération. *Si je n'avais pas répondu à de pareilles propositions comme elles le méritaient,* l'expédition du général Dodds n'eût pas trouvé de por-

(1) L'agent financier de l'affaire du Warf et ses amis ou associés.

teurs dans le pays, si même cette dévastation de la population n'avait pas fait échouer l'expédition.

« Mais qu'importait à ces gens ! n'y avait-il pas là un coup à faire ? »

Vous sentez sourdre entre ces lignes la belle et fière révolte du patriotisme de l'ancien déserteur contre des gens qui entreprennent une affaire dont la réussite peut être l'échec de l'expédition Dodds !

Mais cette révolte est, comme l'assignation en correctionnelle qu'il m'a fait signifier, un vain *simulacre* ; M. Viard *travaille* « pour la galerie » au même titre et de la même façon que le clown qui pirouette dans la piste d'un cirque.

J'ai dit plus haut (1) que j'avais en mains une correspondance qui prouve qu'en disant qu'il n'était pour rien dans cette affaire M. Viard affirmait une contre-vérité.

Je ne crois pas pouvoir conserver cette pièce pour moi seul ; il convient que le public l'ait sous les yeux, la voici :

Paris, 6 Avril 1891.

Cher Monsieur,

En votre qualité de fondé de pouvoirs de mon ami Edouard Viard, j'ai le plaisir de vous annoncer que j'ai disposé du concours de votre

(1) Page 48.

4.

mandant à Porto-Novo pour une affaire dans laquelle je l'ai intéressé. Il s'agit du recrutement pour le Congo d'un certain nombre de noirs de Porto-Novo et des territoires voisins. Ce recrutement se fera par les soins de M. Verbeck, agent de la Société du chemin de fer du Congo (1) qui se rend à Porto-Novo par le vapeur anglais qui part le 11 courant de Liverpool via Lagos.

La mission de M. Viard, *au nom de qui j'ai pris l'engagement à cet égard*, consistera à aider M. Verbeck par sa connaissance des lieux et des gens :

1° En lui facilitant son arrivée et son installation première à Porto-Novo ;

2° En le mettant en rapport avec les chefs indigènes dont l'appui lui serait nécessaire ;

3° En l'accompagnant et en l'aidant dans sa tâche de recrutement et de concentration des noirs ;

En rétribution de ce concours, M. Viard recevra une prime de *neuf francs* (fr. 9) par homme enrôlé. Cette prime lui sera payée par M. Verbeck, en espèces, au moment de l'embarquement de chaque groupe de travailleurs, via Lagos ou via Kotonou, comme le décidera M. Verbeck. Si M. Viard le préfère, ces sommes à lui dues vous seront versées ici par mes soins, j'en prends l'engagement.

M. Viard aura mission de nous aviser par câble chaque fois qu'il y aura un embarquement de tra-

(1) Le Congo belge, bien entendu.

vailleurs. Ces frais de dépêches seront à ma charge.

. . . .

Agréez, cher Monsieur, mes très cordiales salu-tations

AD. BURDO.

Je regrette certainement d'avoir été obligé de livrer cette lettre d'un mort à la publicité et de dénoncer l'indignité de son caractère ; mais elle était de nature à démasquer celui qui m'attaque ; il fallait nécessairement que je la versasse au dé-bat.

*
* *

Le nommé Viard, à qui j'ai demandé la Cour d'assises me l'a refusée et m'a cité en correction-nelle, mais, alors que notre procès mort-né y était pendant, il a voulu saisir une juridiction plus plus haute et porter le débat devant le tribuual de l'opinion, répondant ainsi à mon plus cher désir.

Il y est maintenant, mais il ne sortira de ce tri-bunal qu'il a lui-même choisi qu'avec une nouvelle et ineffaçable flétrissure.

Peut-être est-ce là ce qu'il voulait ! Ne voit-on pas le chien retourner à son vomissement ?

APPENDICE

———

Je n'ai pas été le premier et ne serai probablement pas le dernier à prendre M. Louis-Auguste-Edouard Viard en flagrant délit de mensonge ; dans un livre intitulé : *Au Bas-Niger* (1) cet explorateur (?) avait écrit :

(page 40) : La production végétale à Egga est très riche ; l'huile de palme, le *shea butter* y abondent ;....

(page 88) : Le petit canal,.. constamment rempli... de ces pirogues des environs d'Egga qui viennent y apporter de l'huile ou des provisions, donne à la ville un air de petit port ;...

(page 81) : On trouve à peu près de tout à Lokodja... citrons, oranges y sont en abondance,...

Or, voici ce que nous lisons dans un livre sans prétentions, savantes mais évidemment sincère, du

(1) Paris, 1886. — L. Guérin et Cie imprimeurs éditeurs, 1 vol. in-18, 3e édition.

regretté commandant Mattéi, intitulé : *Bas-Niger,
Bénoué, Dahomey* (1) :

(page 41) : Ces explorateurs, qui n'ont fait que
traverser Lokodja, ont commis d'autres erreurs :
ils ont prétendu que sur le mont Lokodja, il y avait
des orangers, des citronniers et une foule d'autres
arbres fruitiers.

La vérité est que cette montagne.... que j'ai
gravie.... n'est couverte que d'épaisses brous-
sailles...; des explorateurs.... qui ont publié des
ouvrages de fantaisie ont affirmé qu'ils avaient vu
beaucoup d'huile de palme à Egga...

Plus loin, dans le même ouvrage (page 121), le
commandant Mattéi écrit :

« Au retour de Chonga, en inspectant Djebou et
« Ibi, j'ai constaté.... Voici les notes qui sont sur
« mon agenda, prises au jour le jour, durant ce
« voyage et qui contrastent étrangement avec le
« récit fantaisiste de M. Viard dont j'ai parlé.

« Tôt ou tard la vérité se fait jour, même pour
« les explorateurs et les membres de la Société
« d'admiration mutuelle qui pullulent à Paris...

Suivent des notes qui s'étendent du 5 au 17 octobre et dont la conclusion est la suivante (pages
125-126) :

« Le voyage de Lokodja à Ibi a donc duré quinze
« jours, pendant lesquels nous avons navigué cin-
« quante-six heures et demie en remontant le

(2) Paris, 1895. — J. André et Cie, éditeurs, 1 vol. in-8°.

« courant et vingt-cinq heures et demie, en le
« redescendant.

« Le bateau a filé de cinq à six milles à l'heure en
« remontant et environ le double en redescen-
« dant ; d'où j'en conclus qu'Ibi doit se trouver à
« peu près à deux cent quatre-vingt-cinq milles du
« confluent de la Bénoué.

« M. Viard a publié, en 1885, un ouvrage qui a
« pour titre : *Au Bas-Niger.*

« L'auteur prétend être allé à Ibi du 8 au 31 août
« (1880) avec la chaloupe à vapeur *Amélie* com-
« mandée par le mécanicien nantais, M. Mouillet,
« homme très capable », dit-il.

« Je ne relèverai pas les nombreuses erreurs
« contenues dans cet ouvrage.

« M. Viard, en le publiant, n'a pas songé que sa
« correspondance se trouve à la direction de
« Paris, où j'ai dû en prendre connaissance pour
« le service ; or, le 15 août 1880, M. Viard se trou-
« vait à Brass, sous les ordres de M. Lissenski, et
« c'est ce jour-là que, dans son ouvrage, il tue un
« aigle *perché sur un arbre* (1), dans la Bénoué, etc.

. . . .

« Il est vraiment malheureux que des voyageurs,
« dans le but de se faire valoir, inventent ainsi des
« histoires qui, dans certains cas, peuvent nuire à
« la science.

« M. Viard n'est malheureusement pas le seul

(1) Comme le corbeau de la fable !

« qui soit dans ce cas et il serait bon que, de temps
« en temps, on rappelât à la vérité les explorateurs
« de fantaisie.

« Je considère que la sincérité, dans les récits de
« voyage, a un mérite supérieur à l'art d'écrire des
« fantaisies.

. . . .

M. Viard n'a certainement pas manqué d'avoir
connaissance de ce livre où il est si fort malmené,
qui fut achevé d'imprimer le 14 octobre 1890
chez E. Vallier et Cie imprimeurs à Grenoble et
qui, mis en vente presqu'aussitôt, vient d'être
réédité il y a quelques mois par la *Librairie afri-
caine et coloniale.*

Comment M. Viard n'en a-t-il pas poursuivi l'auteur à raison des injures et des diffamations pro-
férées contre lui ? — Tout simplement parce qu'il
redoute, à très juste raison, toute explication sur
les questions africaines ; il suffit à M. Viard de se
faire qualifier par la *France* d'*Explorateur africain
bien connu.*

A la façon dont il a acquis ce titre, nous ne le lui
envions pas.

—

BEAUVAIS. — IMPRIMERIE PROFESSIONNELLE